Roswitha Schumacher

Hersbruck

7. 7. 1997

Kreuzstich
Variationen

Ellen Moschitz

KREUZSTICH

Variationen

ENGLISCH VERLAG

Die Deutsche Bibliothek – CIP-Einheitsaufnahme

Kreuzstich. – Wiesbaden : Englisch
Variationen / Ellen Moschitz. – 1993, 2. Aufl. 1994
ISBN 3-8241-0518-7

Fotos Reinhard Berg.

Printed in Germany
ISBN 3-8241-0518-7

Inhaltsangabe

Gedanken zu diesem Buch

Der Weg, den die Stickkunst durch die Jahrhunderte genommen hat, läßt sich weit zurückverfolgen.
So schreibt der römische Schriftsteller Plinius die Erfindung der Nadelkunst den Phrygiern, einem Volk in Kleinasien, zu, ohne jedoch die Entstehungszeit zu benennen.

Funde in alten koptischen Gräbern belegen, wie sehr sich orientalische Frauen, abseits vom öffentlichen Leben, mit Stickarbeiten beschäftigt haben. Daß man im alten Ägypten gar „vornehmen" Damen den Stickrahmen mit ins Grab gab, unterstreicht die Bedeutung, die in dieser vorchristlichen Kultur der Stickkunst beigemessen wurde. Noch heute können wir in Museen und Privatsammlungen Arbeiten bewundern, die in Frauengemächern des Orients entstanden sind: farbenprächtige Stickereien – Märchen aus Seide und Goldgespinst.

Das Christentum eiferte in seinen Anfängen gegen den Luxus reichbestickter Profangewänder. Das änderte sich, als unter Konstantin dem Großen das Christentum zur Staatsreligion erhoben wurde: Kirchliche Gewänder und Gebrauchsgegenstände erschienen jetzt zunehmend reicher ausgestattet.

Die kostbarsten Stickereien kamen aus Byzanz. Von dort nahmen sie ihren Weg über Rom in das übrige Europa, wo alsbald Klosterfrauen die Nadelkunst sorgsam pflegten, bis sie Mitte des 13. Jahrhunderts auch zur Lieblingsbeschäftigung fürstlicher Frauen wurde.

Als die Stickkunst schließlich auch Einzug in Patrizier- und Bürgerhäuser hielt, war es nur noch eine Frage der Zeit, bis die vorherrschend einfarbige Kleidung eine vielfältige Ausschmückung durch die nunmehr erworbene Kunstfertigkeit erhielt.

Längst ist der Kreuzstich, allgemein als charakteristische Stickart des Mittelalters bekannt, in aller Welt zu Hause. Auf Sticktüchern, die uns noch heute mancherlei Anregungen zu geben vermögen, wurde in der Vergangenheit die große Anzahl der Muster von einer Generation zur nächsten überliefert.

Wohl seit undenklichen Zeiten empfinden Frauen in aller Welt den Umgang mit Nadel und Faden als eine Herausforderung an ihre Phantasie. So verwundert es nicht, daß auch heute, in wenig musischer Zeit, Frauen aller Generationen Handarbeiten anfertigen. Die Stickkunst nimmt dabei zunehmend einen besonderen Platz ein.

Das Erlebnis, eine selbstentworfene Kreation, ein Unikat zudem, aus eigener schöpferischer Kraft geschaffen zu haben, hebt das Selbstwertgefühl und ermuntert zu weiteren Taten.

Mein Buch möge all jene anregen, die sich mit liebenswerten Dingen, von eigener Hand geschaffen, umgeben möchten. Und wenn Sie nun, liebe Leserin, lieber Leser, Nadel und Faden zur Hand nehmen, sich von den hier vorliegenden Entwürfen inspirieren lassen und schließlich das Ergebnis betrachten, werden gewiß auch Sie Freude und Stolz empfinden wie Frauen zu allen Zeiten nach Vollendung eigener Handarbeiten.

Einleitung

Das Material

Gestickt wird grundsätzlich auf sogenannten Zählstoffen, die man im Fachhandel in großer Auswahl findet. Aida-Stoff und Leinen sind häufig appretiert. Da es leichter fällt, auf solchen gestärkten Stoffen zu sticken, sollten Sie diese Handarbeitsstoffe vor dem Sticken nicht waschen.
Handarbeitsstoffe in sogenannter Leinwandbindung werden durch die Fadenzahl (Anzahl der Gewebefäden auf eine Breite von 10 cm) unterschieden.
Je niedriger die Fadenzahl, desto grober der Stoff und umgekehrt.
Handarbeitsstoffe in Aidabindung werden nach der Anzahl der Einstichstellen bzw. Gewebekaros unterschieden. Auch hier gilt: Je niedriger die Einstichzahl pro 10 cm, um so grober ist der Stoff.
Nach der Stärke des Stoffes richtet sich dann auch die Stärke des Stickfadens. Der Handel bietet eine Fülle von Garnen in den verschiedensten Qualitäten und Ausführungen an und berät Sie sicher gerne und fachkundig bei der Auswahl von Stoffen und passenden Garnen.
Was Sie sonst noch brauchen? Selbstverständlich Sticknadeln (stumpfe Nadeln) in verschiedenen Stärken, eventuell einen Stickrahmen, Maßband und eine Handarbeitsschere.

Die Vorbereitung

Je nachdem, für welches Muster Sie sich entschieden haben, müssen Sie gegebenenfalls durch Falten des Stoffes zunächst die Stoffmitte festlegen. Dann müssen Sie die Fäden zählen, um die Mustereinteilung vornehmen zu können. Es empfiehlt sich, die Stickvorlagen mit Hilfe eines Fotokopierers auf die Größe zu bringen, in der Sie Ihre Stickarbeit anlegen wollen. Dann fällt Ihnen auch die Plazierung von Einzelmotiven sicher leichter. Wenn Sie ein Bordürenmuster für ein Kissen, eine Decke oder ein Passepartout ausgewählt haben, beginnen Sie am besten an einer Seitenmitte und markieren dort den Mittelpunkt der Bordüre. Dann sticken Sie das Muster jeweils rechts und links davon bis zur Ecke, damit die Eckenbildung gleich ausfällt.

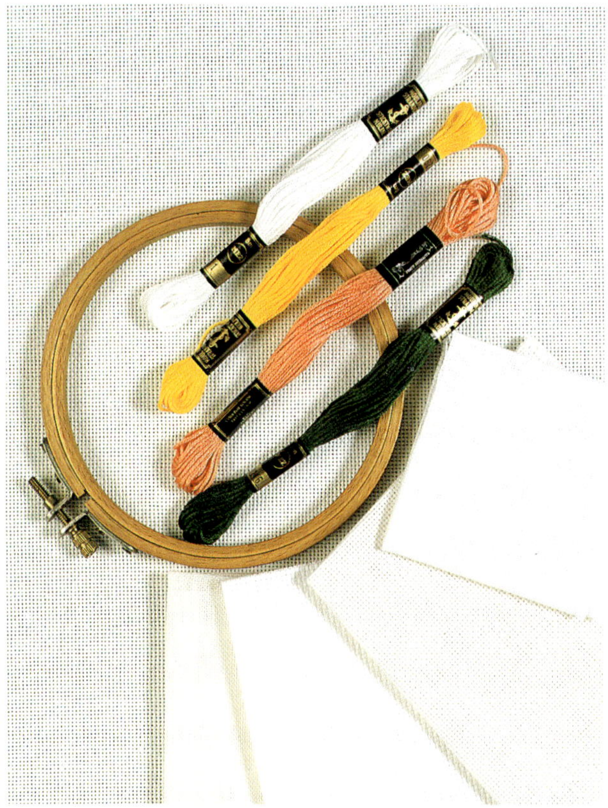

Die Pflege

Ihre fertige Stickarbeit sollten Sie stets von links bügeln. Die Temperatur richtet sich nach den Angaben des Stoff- beziehungsweise des Garnherstellers. Wenn Sie beim Bügeln einen weichen Stoff, zum Beispiel Molton, unterlegen, dann tritt das Muster auf der Vorderseite später geradezu plastisch hervor.

Empfindliche Stickarbeiten sollten im Handwaschbecken mit einem Feinwaschmittel schonend gewaschen werden.

Der Kreuzstich

Es ist wirklich sehr einfach, im Kreuzstich zu sticken, aber für ein gleichmäßiges Gesamtbild Ihrer Stickarbeit ist es wichtig, daß Sie möglichst exakt arbeiten. Es müssen alle Stiche in die gleiche Richtung zeigen.

Damit der Unterstich stets von rechts oben nach links unten verläuft, sollten Sie bei entsprechender Stickrichtung die folgenden Hinweise beachten:

Waagerechte Kreuzstichreihen

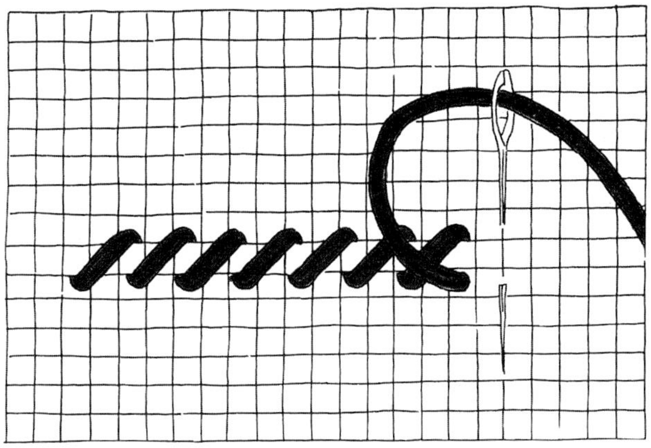

Wenn Sie in Reihen von oben nach unten sticken, beginnen Sie links mit der Unterstichreihe. Nach dem Sticken der Oberstiche von rechts nach links können Sie die Nadel zum Anfang der nächsten Unterstichreihe führen und die nächste Unterstichreihe wiederum von links nach rechts sticken. Beim Sticken waagerechter Kreuzstichreihen von unten nach oben verfahren Sie umgekehrt.

Senkrechte Kreuzstichreihen

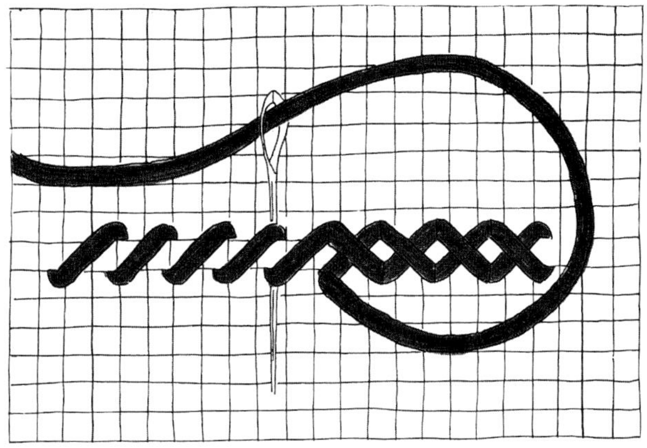

Wenn Sie einzelne Kreuzstichreihen von oben nach unten sticken, dann arbeiten Sie jeden Stich komplett mit Unter- und Oberstich aus. Führen Sie die Nadel dann jeweils zum unteren Anfangspunkt des darunterliegenden Unterstiches, und arbeiten Sie dann auch diesen Stich fertig, bevor Sie mit dem darunterliegenden beginnen. Beim Sticken von senkrechten Kreuzstichreihen von unten nach oben gehen Sie wieder in der umgekehrten Reihenfolge vor.

Diagonale Kreuzstichreihen

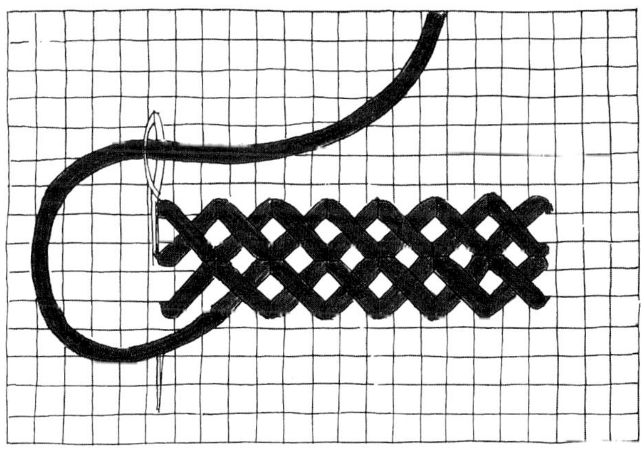

Schräge Reihen sticken Sie im Prinzip wie die senkrechten Kreuzstichreihen, allerdings mit einem Unterschied: Wenn Sie einen Stich mit dem Oberstich fertiggestickt haben, führen Sie die Nadel nicht parallel zum Fadenlauf des Stoffes nach unten zum nächsten Einstichloch, sondern seitlich versetzt zum unteren Austrittspunkt vom Unterfaden des nächsten Kreuzstiches.

Die Anfangs- und Endfäden

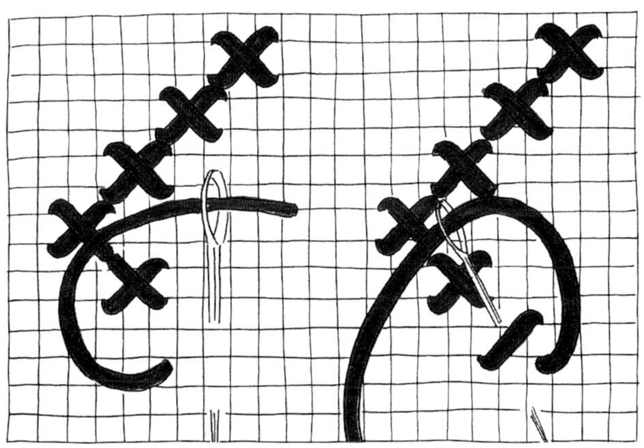

Sicher ist es für Sie eine Selbstverständlichkeit, die Anfangs- und Endfäden zu vernähen und nicht etwa zu verknoten. Sie können die Fäden mit einer spitzen Nadel verwahren, indem Sie die auf der Rückseite verlaufenden Fäden durchstechen und den Endfaden hier durchziehen. Sie können aber auch einige Rückstiche genau unter der Überkreuzung eines Stiches ausführen und die Endfäden so fixieren. Dann liegen diese Verwahrstiche genau unter der Mitte der Kreuzstiche und sind von der Vorderseite der Stickarbeit nicht zu sehen.

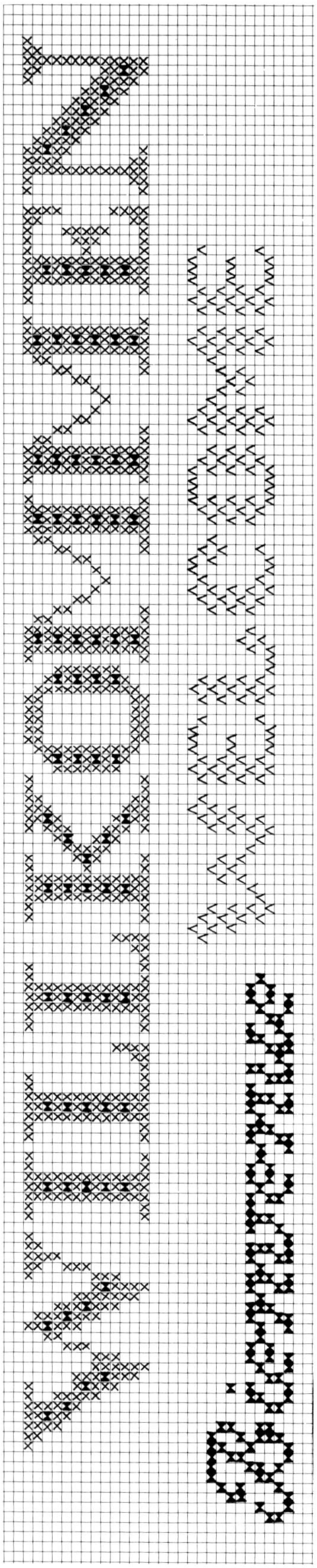

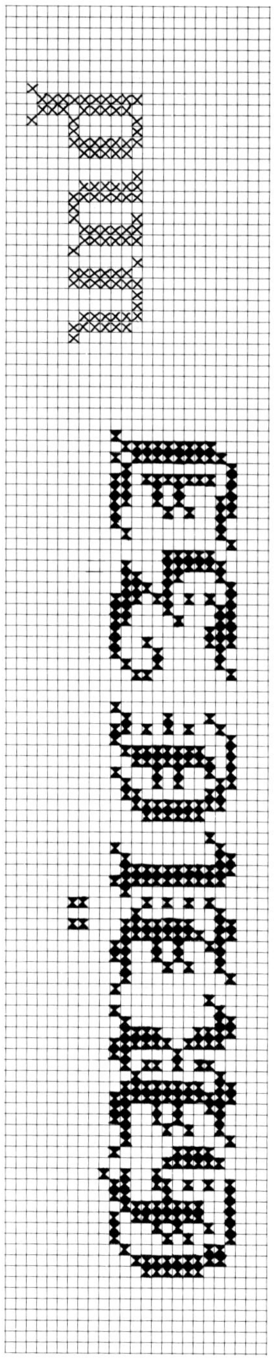

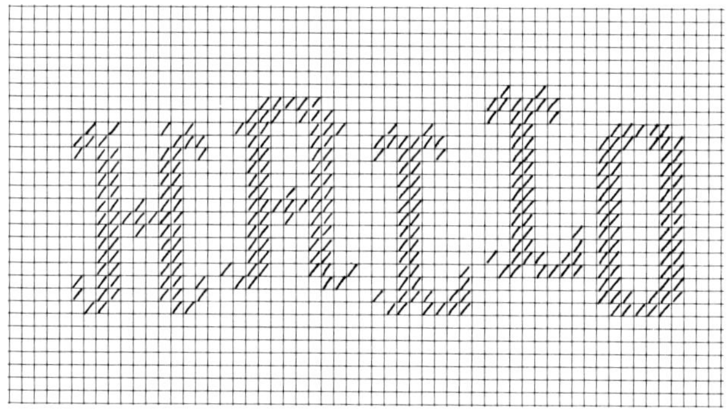

X = SCHILF
⋈ = DUNKLES SCHILF
Λ = OLIV
/ = GRAU

Kreuzstich-Grüße auf dekorativen Schleifen

An so mancher Haustür hängt heutzutage ein hübscher Türkranz, der passend zur Jahreszeit zusammengestellt und dekoriert wurde. Auf den folgenden Seiten finden Sie einige Anregungen für Schleifen, die sich zum Beispiel auf solchen Tür- und Wandkränzen sehr gut ausnehmen.

Haben Sie schon einmal daran gedacht, eine Geschenkverpackung nicht mit den üblichen Schleifen und Bändern zu verzieren, sondern mit einer selbstgestickten Schleife? Dann können Sie Ihre Wünsche oder ein kleines Dankeschön gleich mitverpacken.

Willkommen, bienvenue, welcome

Dieser herbstliche Türkranz aus geflochtenem Stroh heißt alle Gäste aufs herzlichste willkommen, und das gleich in mehreren Sprachen.

Die Schleife im hellen, freundlichen Gelb ist mit einem weißen Webrand versehen; diese beiden Farben tauchen auch in den Zierbändern wieder auf. Das frische Grün der aufgestickten Schrift hebt sich deutlich ab und ist sehr gut lesbar.

Darauf sollten Sie unbedingt achten, wenn Sie die Farben für eine solche Schleife nach Ihren eigenen Ideen zusammenstellen.

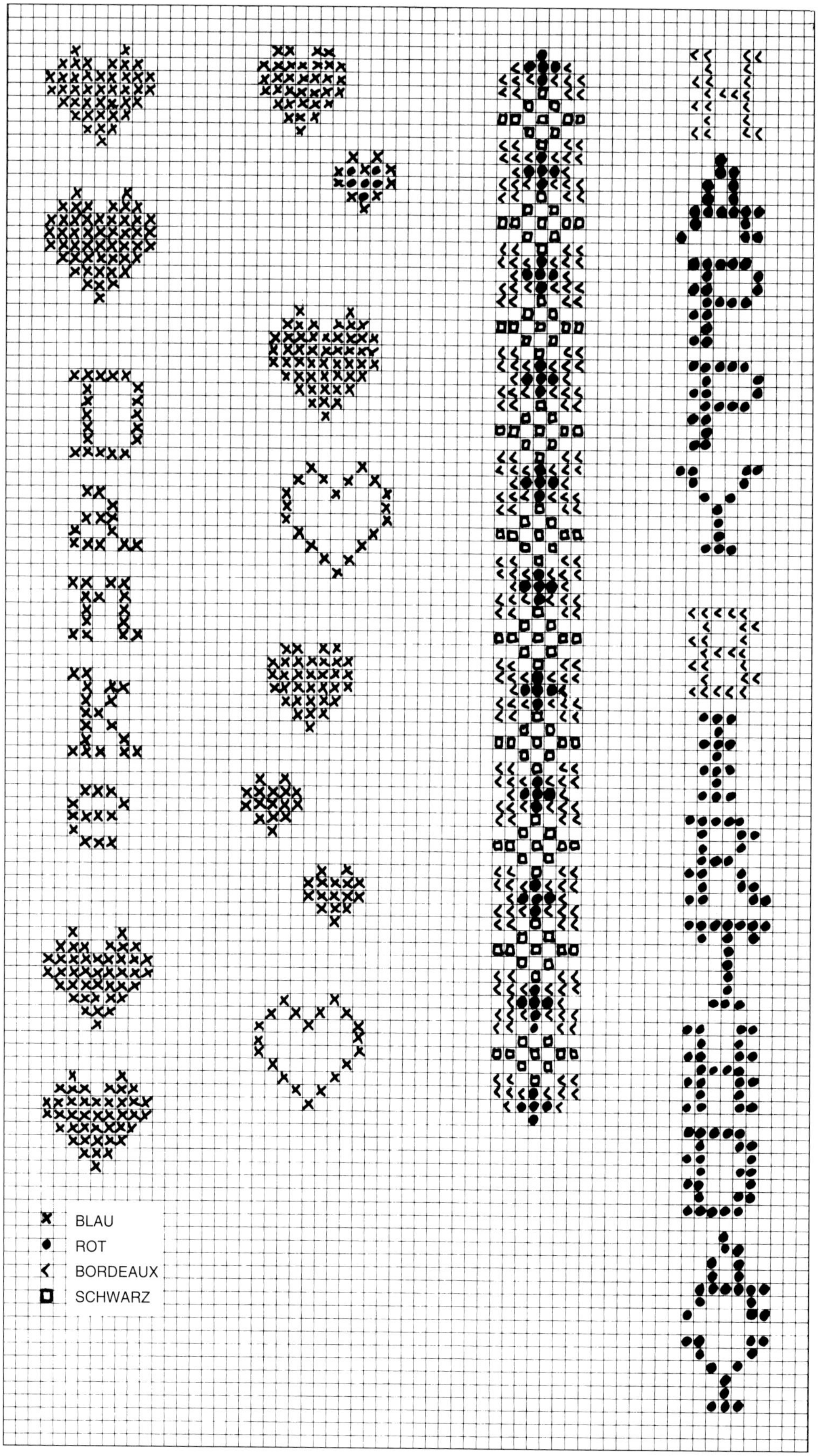
BLAU
ROT
BORDEAUX
SCHWARZ

Danke

Die Stickerei dieser Schleife wurde farblich auf die Geschenkverpackung abgestimmt und nicht nur der Schriftzug „Danke", sondern vor allem auch die Mühe, die in dieser Stickarbeit liegt, werden sicher geschätzt!

Als Tüpfelchen auf dem i erweist sich hier das kleine rote Herz auf der rechten Schleifenhälfte, denn dadurch wird das Ganze lebendig.

Happy Birthday

Die Idee, mit einer selbstgestickten Schleife ein hübsch verpacktes Geschenk zu versehen, kommt sicher gut an. Damit die Glückwünsche nicht verlorengehen, wurden Sie auf diese Schleife gleich aufgestickt.

Die Bordüre auf der rechten Schleifenhälfte wurde stilistisch dem Charakter der Buchstaben angepaßt.. Auch farblich wurden diese aufeinander abgestimmt.

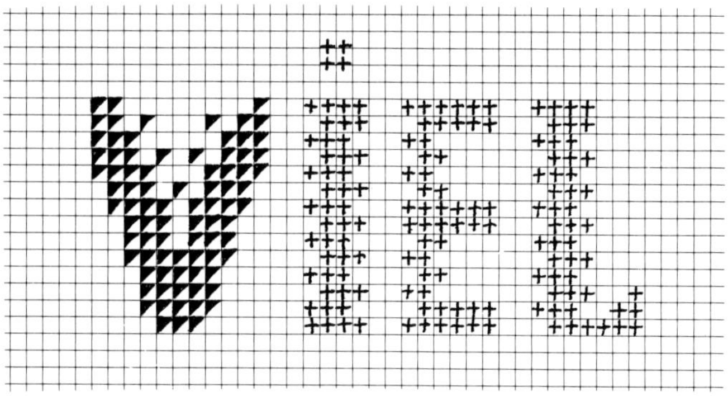

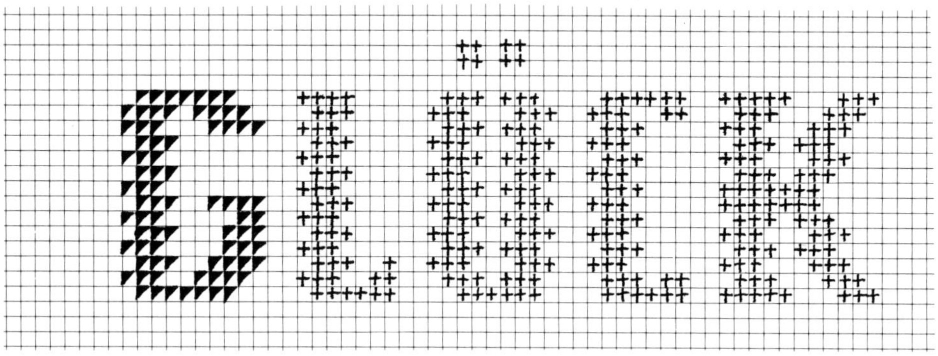

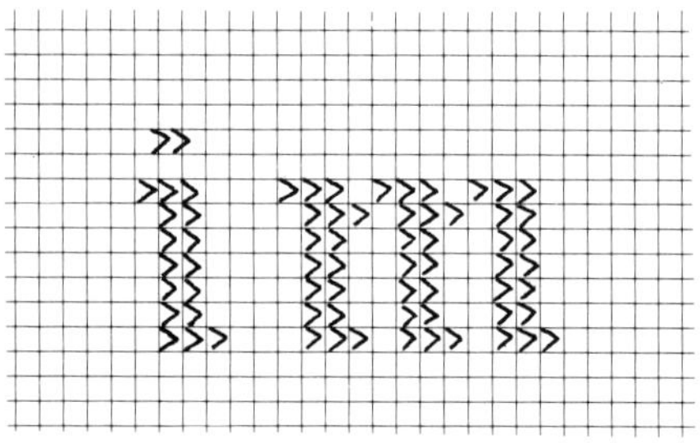

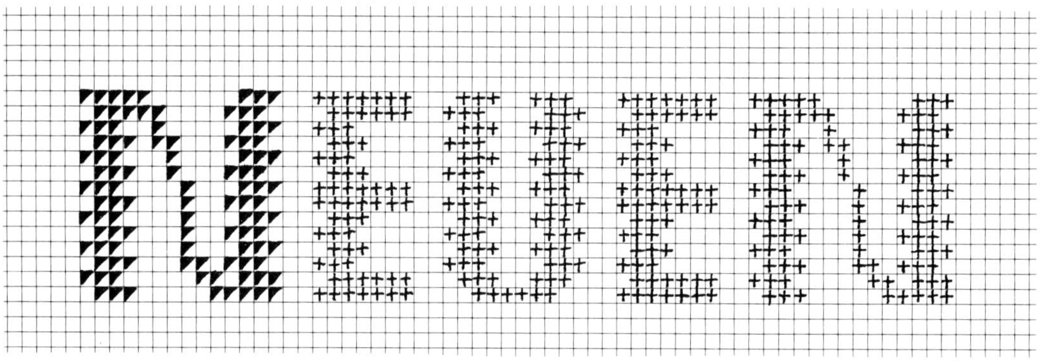

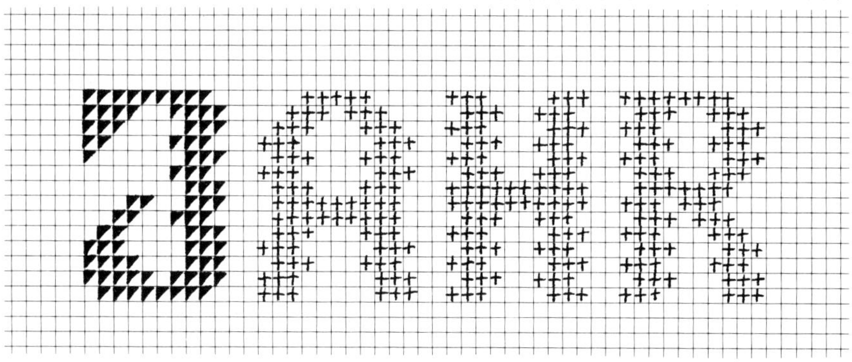

◤ = VIOLETT

+ = LILA

> = FLIEDER

Viel Glück im Neuen Jahr

Ob als Schleife für ein Mitbringsel zur Silvesterparty oder als Blickfang für einen Türkranz - für viele Gelegenheiten und Anlässe rund um den Jahreswechsel ist diese bestickte Schleife geeignet.

Die gewählten Farben sind Ton in Ton aufeinander abgestimmt. Auch die Farbe des Paspelbandes und der Zierschleife passen dazu. Diese Kombination beweist, daß ein rustikaler Stickstoff durchaus edel wirken kann.

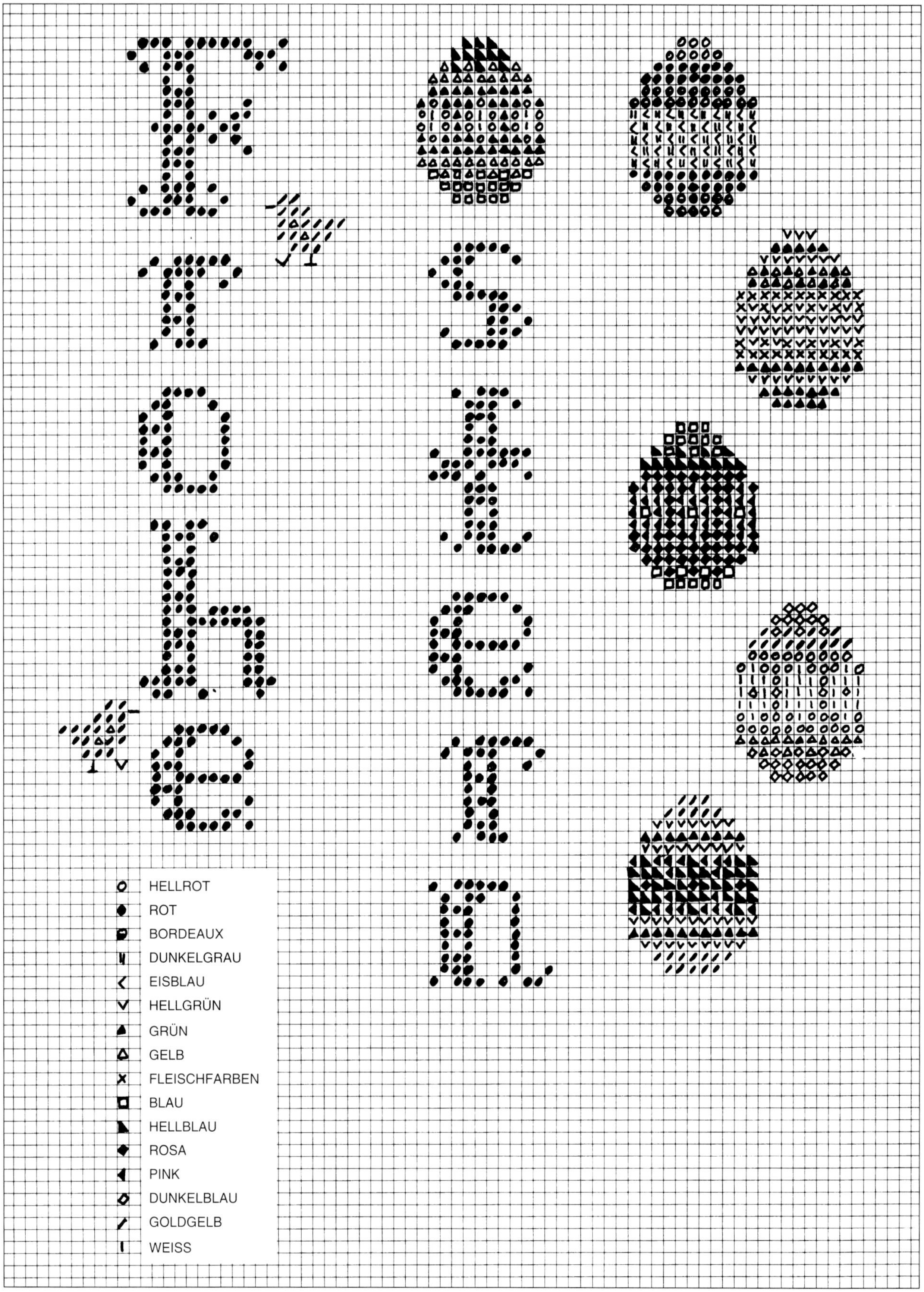
HELLROT
ROT
BORDEAUX
DUNKELGRAU
EISBLAU
HELLGRÜN
GRÜN
GELB
FLEISCHFARBEN
BLAU
HELLBLAU
ROSA
PINK
DUNKELBLAU
GOLDGELB
WEISS

Frohe Ostern

Kunterbunte Ostereier und ein netter Ostergruß zieren diese hübsche Schleife. Lustige Details dieser Zusammenstellung sind die beiden Küken und das bunte Osterei am Schriftzug „Frohe Ostern".

Die Ostereier der rechten Schleifenhälfte können Sie auch auf eine Osterdecke mit passenden Servietten sticken oder auf ein Tischband, das den hübsch gedeckten Tisch schmückt.

D. GRÜN
FLIEDER
LILA
D. VIOLETT

In vino veritas

Nicht nur Freunde eines edlen Tropfens würden sich über diese hübsche Schleife freuen, wenn sie zum Beispiel an ein Weinpräsent drapiert würde.
Haben Sie einmal Gäste zu einem Glas Wein eingeladen, dann sollten Sie sie bereits mit dieser Zierschleife auf dem Türkranz willkommen heißen.

Die Farben des Schriftzuges und der Weinblätter wurde auf die Webkante des Schleifenstoffes abgestimmt. Zu diesem dunklen, warmen Grün macht sich das frische, freundliche Violett der Traube besonders gut.

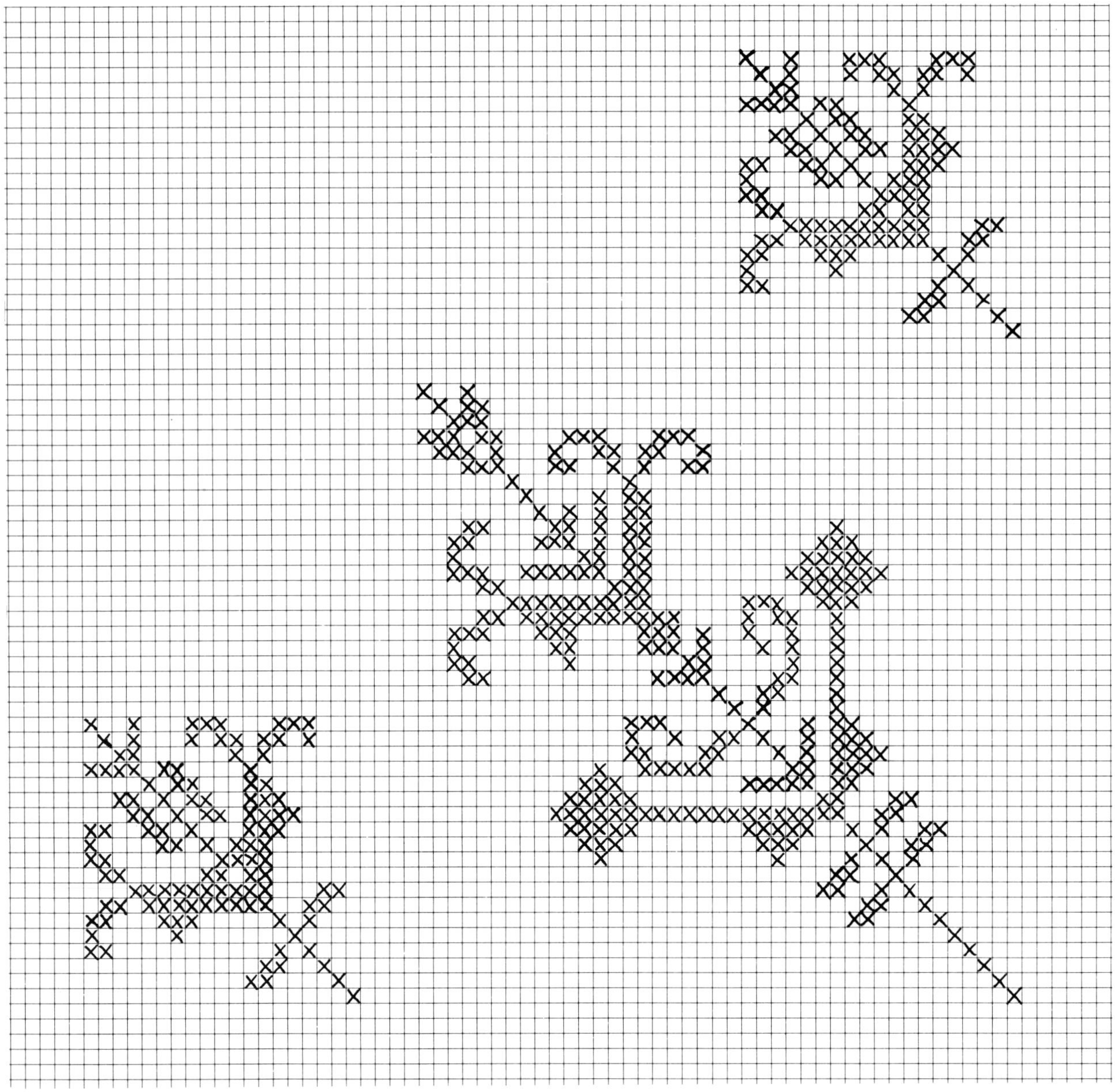

Schöner wohnen mit Kreuzstich

Viele Accessoires im Wohnbereich sind aus Stoffen gearbeitet, und all diesen Dingen kann man eine individuelle Note verleihen, wenn man sie mit Stickereien verziert.

Besonders hübsch wirkt es, wenn Sie verschiedene Accessoires eines Zimmers mit dem gleichen Muster oder Motiv besticken, so daß zum Beispiel Kissen, Tischdecke und Vorhänge genau zueinander passen. Sicher finden Sie in diesem Buch eine Fülle von Anregungen, die Sie auf diese Art und Weise umsetzen können.

Besticke Decke

Eine schlichte Decke wird durch diese hübschen Ornamente zu einem ausgesprochenen Juwel.
Eine solche Kombination von Ornamenten wirkt am besten, wenn man sie einzeln plaziert.

Wenn Sie dieses Muster auch auf zum Tischtuch passende Servietten übertragen wollen, wählen Sie am besten das kleinere Ornament aus und sticken es einzeln in eine Ecke der Serviette.

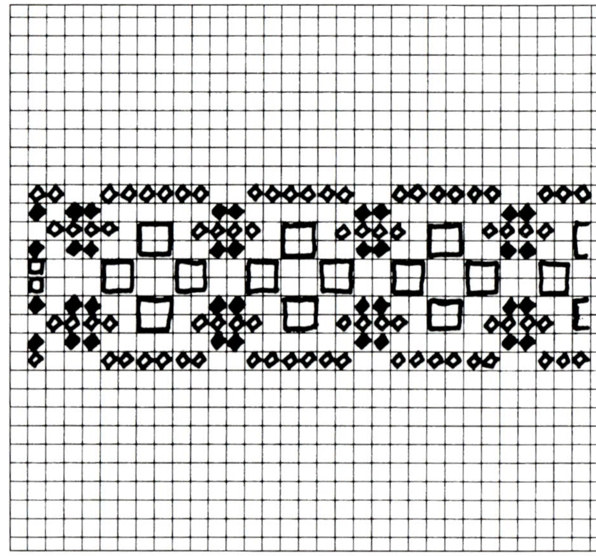

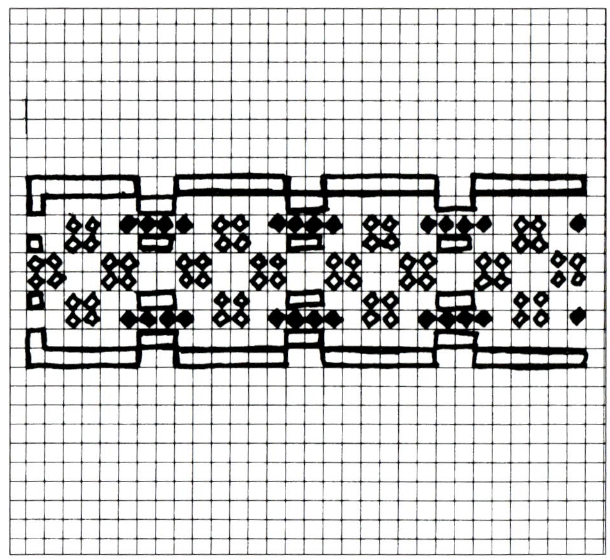

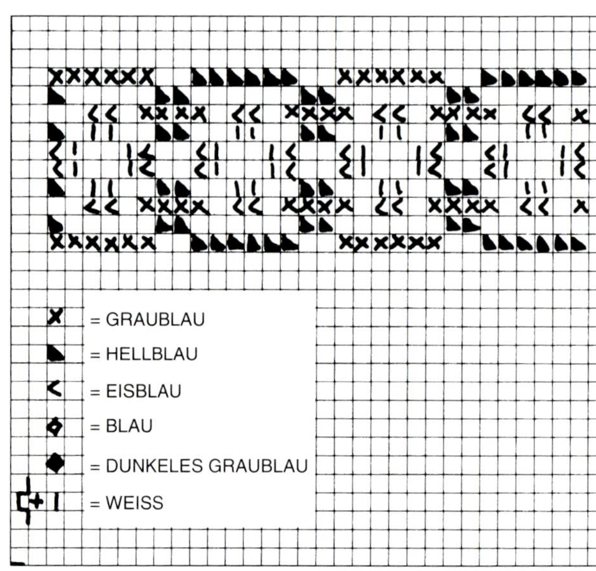
= GRAUBLAU
= HELLBLAU
= EISBLAU
= BLAU
= DUNKELES GRAUBLAU
= WEISS

Kissenparade

Diese drei Kissen sind selbstgenäht und dann mit unterschiedlichen Borten bestickt worden, die allerdings farblich und in der Größe aufeinander abgestimmt wurden.
Auf diese Weise können Sie eine Kissenkombination passend zu Ihrer Einrichtung und nach Ihren Wünschen gestalten und so Ihrem Ambiente eine individuelle Note verleihen.

In den drei Abbildungen links sehen Sie die Borten im Ausschnitt, so daß Sie diese Muster in den angegebenen Farben sicher ohne weiteres nachsticken können.

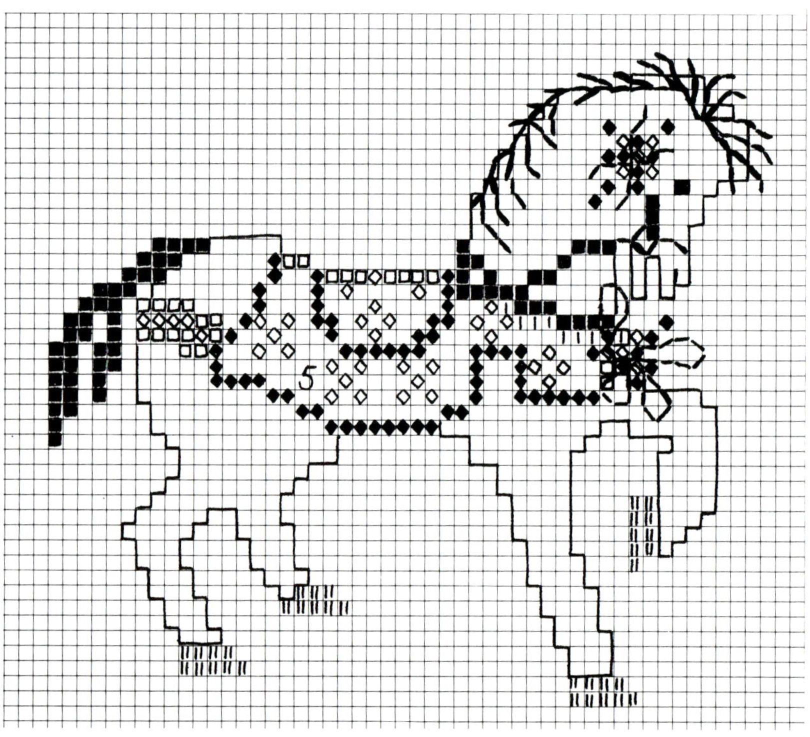

Variante oben:

- 5 = ◘ = BLAU
- 22 = ǀ = WEISS
- ■ = SCHWARZ
- ǁ = DUNKELGRAU
- ◇ = HELLROSA
- ◆ = ROSA

Dekorativc Accessoires

Hübsche Schachteln zum Aufbewahren von lieben Dingen sind nicht nur äußerst nützlich, sondern auch sehr dekorativ. Sicher können wir mit einer selbstgestalteten Schachtel nicht nur uns selbst, sondern auch anderen eine ganz besondere Freude bereiten.

Viele der in diesem Buch vorgestellten Motive eignen sich hervorragend als Zierde von Schachteln und Spandosen. Auf diesen Seiten finden Sie einige besonders ausgefallene Motive.

Schachteln mit Pferdemotiv

Tierfreunde und vor allem natürlich Pferdeliebhaber werden an diesen beiden Schachteln ihre wahre Freude haben. Die Stickschrift für beide Dosen ist die gleiche, lediglich die Farben wurden unterschiedlich gewählt.

2 = ◻ = BORDEAUX
○ = HELLROT
⁄ = GOLDGELB
▼ = OLIV

1 = ◆ = ROSA
31 = ◥ = DUNKELGRÜN
◇ = HELLROSA
◀ = PINK
6 = ✕ = SCHILF

Schachtel mit stilisierten Nelken

Den Deckel dieser Spandose zieren unregelmäßig angeordnete, stilisierte Nelken in sattem Dunkelrot. Farblich passend zu dem Grün der Blütenstile und Blätter wurde ein Satinband um den Deckelrand gelegt.

Grußkarte mit Blumenmotiv

Sicher fällt es Ihnen nicht schwer, aus den vielen Motiven dieses Buches solche auszuwählen, die in eine Passepartout-Karte passen. Diese Karte ist übrigens selbstgemacht und konnte somit farblich passend zum Blumenmotiv gestaltet werden.

G = ▼ = OLIV
V = HELLGRÜN
Z = RESEDA
▲ = GRÜN
◇ = HELLROSA
◆ = ROSA
□ = BLAU
◣ = HELLBLAU
/ = GOLDGELB

Stickbilder

Ein sehr beliebtes Thema für Bilderserien sind die vier Jahreszeiten, und mein Vorschlag hierzu lautet: Die Geschichte vom Apfelbäumchen – im Wandel der Jahreszeiten – erzählt in vielen, bunten Kreuzstichen.
Wenn Sie Spaß an diesem Thema haben, so wird es Ihnen leicht fallen, weitere Motive zu finden, die in den Rahmen der vier Jahreszeiten passen: einen Gartenzaun, um den sich Wicken und Efeu ranken; ein einzelner Ast

mit Knospen, Blättern, Früchten und Schnee je nach Jahreszeit und vieles andere mehr.

Frühling

Wie Sie auf den folgenden Seiten sehen, ist jedes Apfelbäumchen in einen gestickten Rahmen eingepaßt, der farblich auf die jeweilige Jahreszeit abgestimmt ist. Bei diesem Beispiel habe ich eine Farbe der zarten Apfelblüten gewählt. Für die vielen Streublümchen unter dem Apfelbaum können Sie sehr gut Garnreste verwenden.

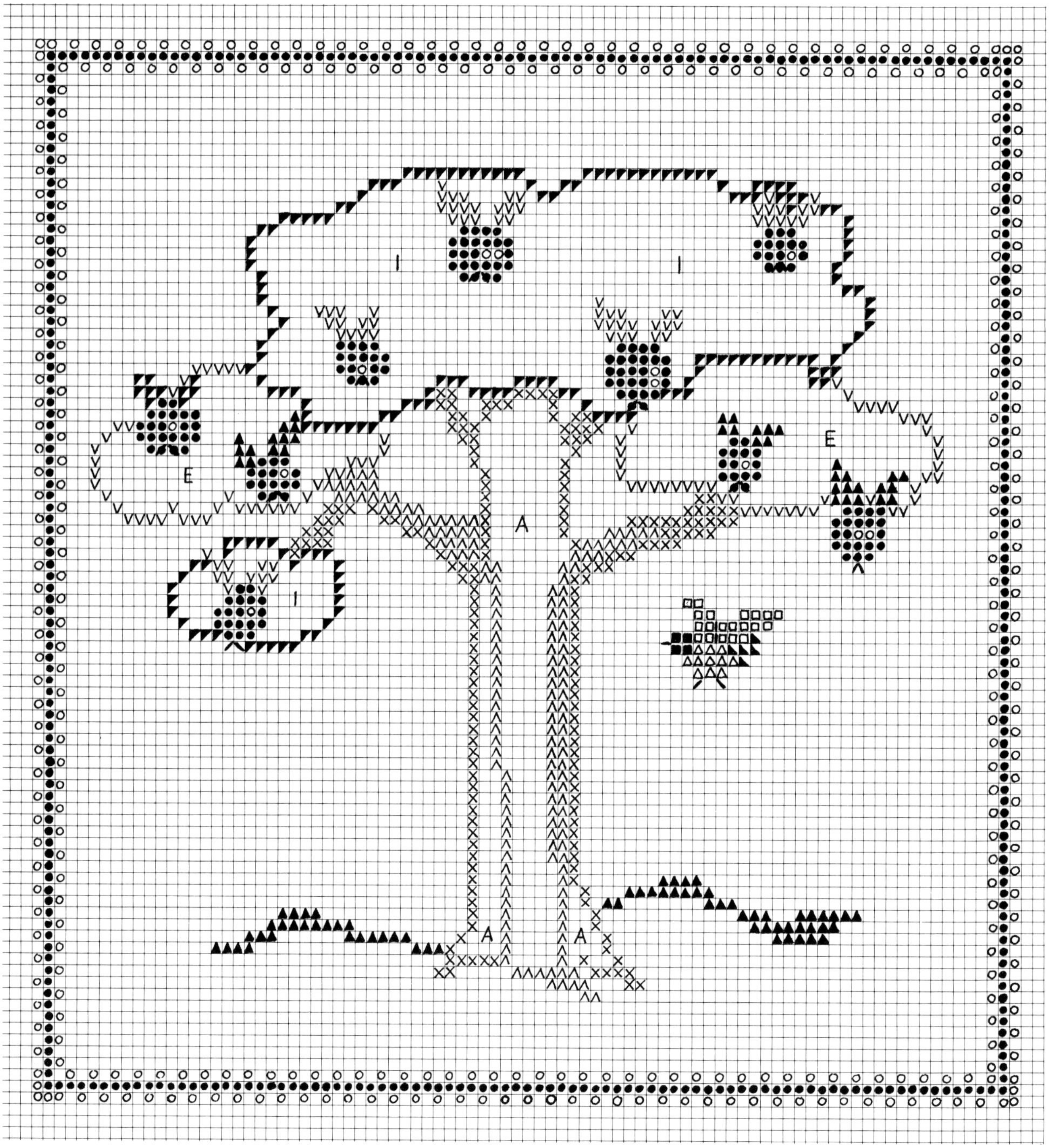

A = ✖ = SCHILF

E = V = HELLGRÜN

I = ◤ = DUNKELGRÜN

Λ = HELLOLIV

O = HELLROT

● = ROT

▲ = GRÜN

■ = BLAU

◣ = HELLBLAU

△ = GELB

Sommer

Saftig rote Äpfel hängen im Hochsommer an unserem Bäumchen. Auch das Grün der Blätter ist etwas kräftiger, dunkler geworden. Wie auf den übrigen Bildern rundet auch hier ein kleines, gesticktes Detail – ein bunter Vogel – das Bild ab.

G = △ = BRAUN

H = ▼ = DUNKELBRAUN

∧ = OLIV

▼ = DUNKELOLIV

\ = GOLD

● = ROT

O = HELLROT

◓ = BORDEAUX

Herbst

Die Äpfel sind gepflückt, das Laub hat sich herbstlich bunt verfärbt. Wiederum wurde für den Rahmen des Herbstmotives eine bereits vorhandene Farbe – hier das helle Olivgrün einiger Blätter – aufgegriffen.

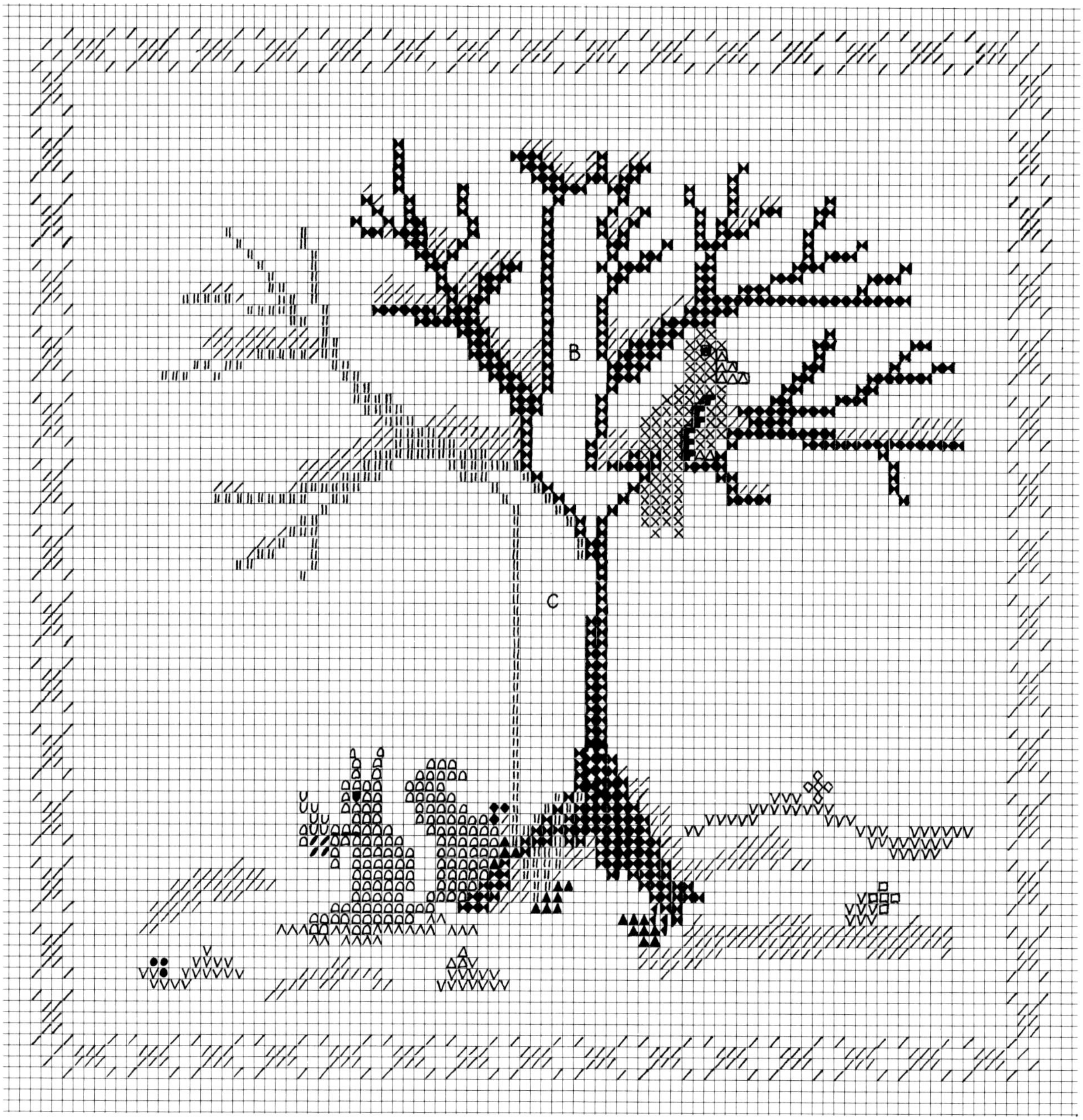

B = ⧓ = DUNKLES SCHILF
× = SCHILF
C = ‖ = DUNKELGRAU
/ = GRAU
= GRAUBLAU
□ = BLAU
= BRAUN
∪ = HELLBRAUN
= DUNKELBRAUN
● = ROT
◆ = FLEISCHFARBEN
= ROSA
= PINK
△ = GELB
= GOLDGELB
∨ = HELLGRÜN
▲ = GRÜN
∧ = OLIV

Winter

In ganz hellem Grau wird der Schnee angedeutet, der auf den kahlen Ästen liegt. Damit das Bild nicht allzu trist wirkt, habe ich einige Tiere und bunte Krokusse, die ersten Frühlingsboten, aufgestickt.

CAN-
TA-
BI-
LE
con
brio
PRESTO
MUSICA
VIVA
Allegro
x = BLAU
◆ = DUNKELBLAU
▵ = HELLBLAU

Musik und Poesie in Kreuzstich

Cantabile

Mit Musik geht eben doch alles besser – auch das Sticken der vielen Kreuzchen. Und dabei ist es wirklich recht einfach, die auf der linken Seite abgedruckten Vorlagen nachzusticken.

Den Notenschlüssel können Sie zum Beispiel auch auf eine Grußkarte sticken oder auf die Geschenkschleife zu einer hübsch verpackten Schallplatte oder CD.

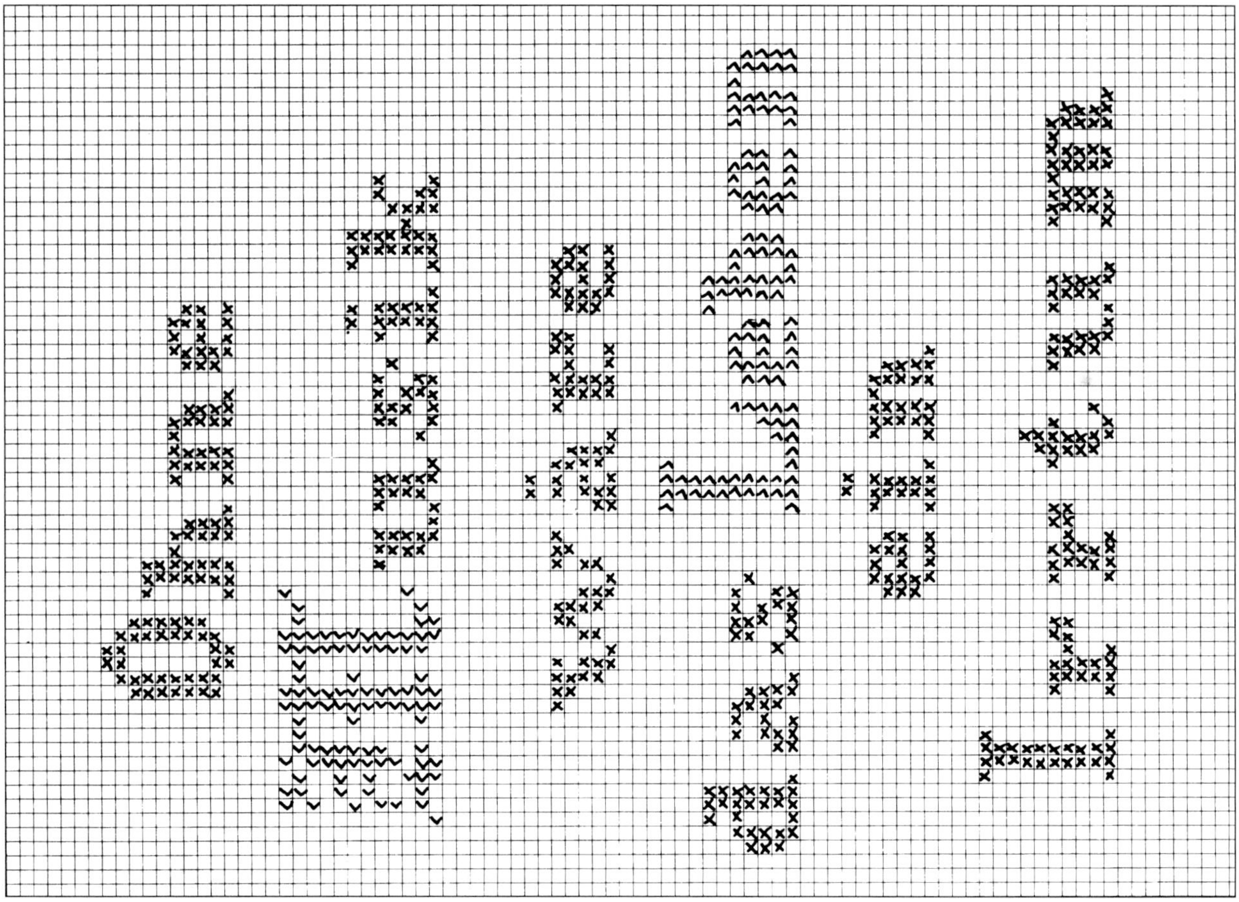

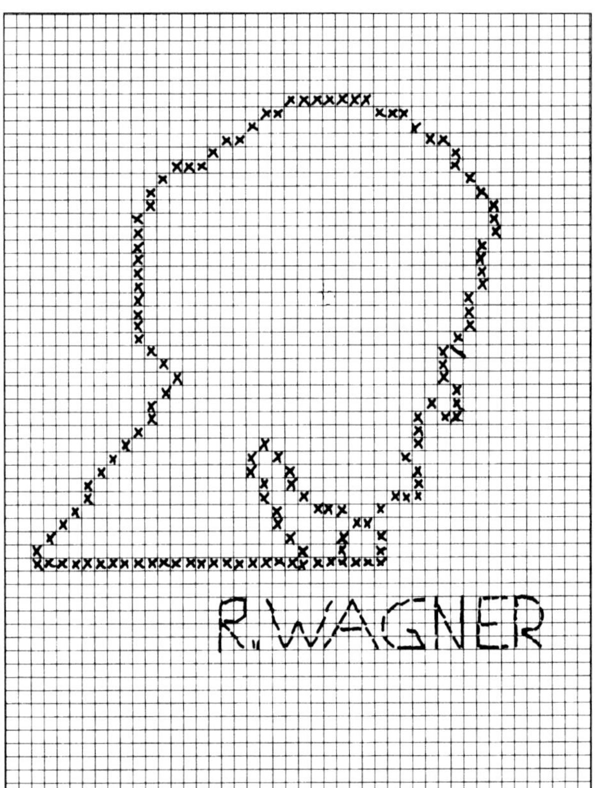
R.WAGNER

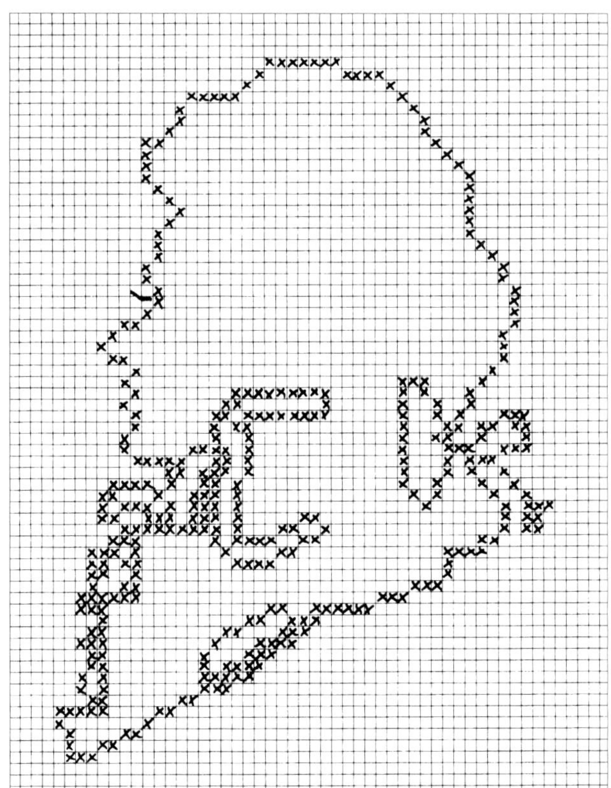

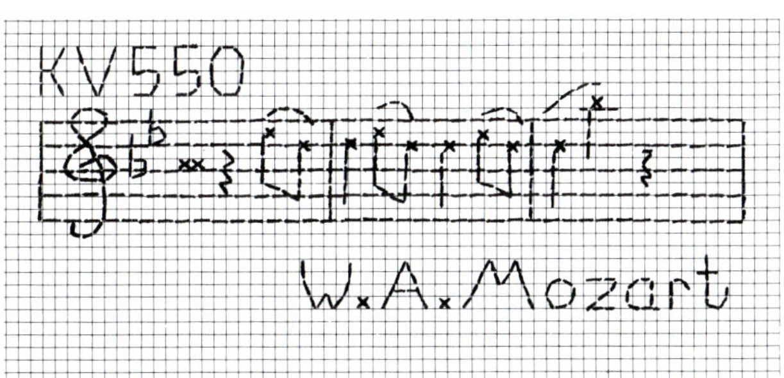

Ohne Musik ...

... wäre das Leben ein Irrtum! Das meinte schon Friedrich Nitzsche, und er hatte recht. Die scherenschnittähnlichen Silhouetten von Richard Wagner und Wolfgang Amadeus Mozart würden auch sehr gut in einen hübschen Rahmen passen und hätten dann einen Ehrenplatz auf dem Klavier wirklich verdient.

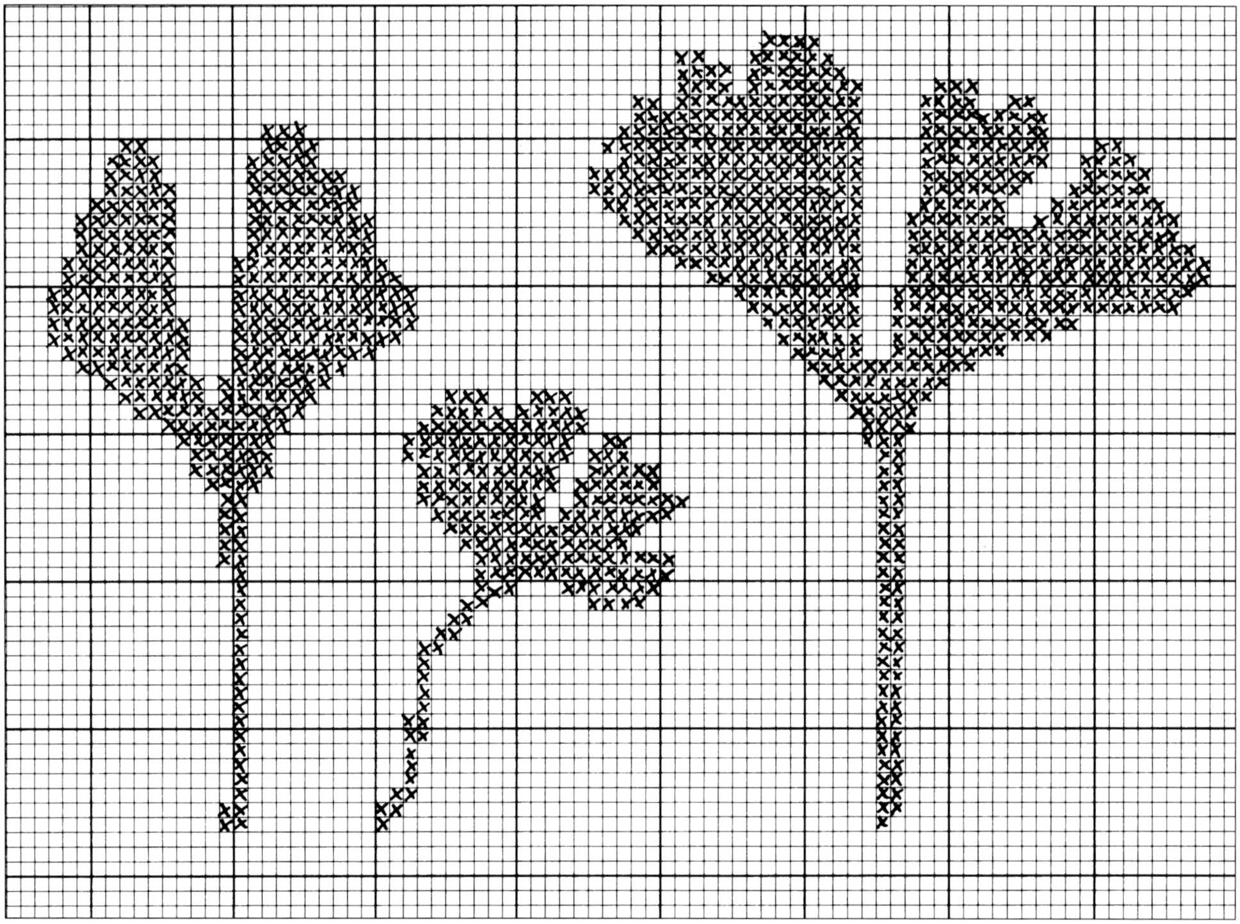

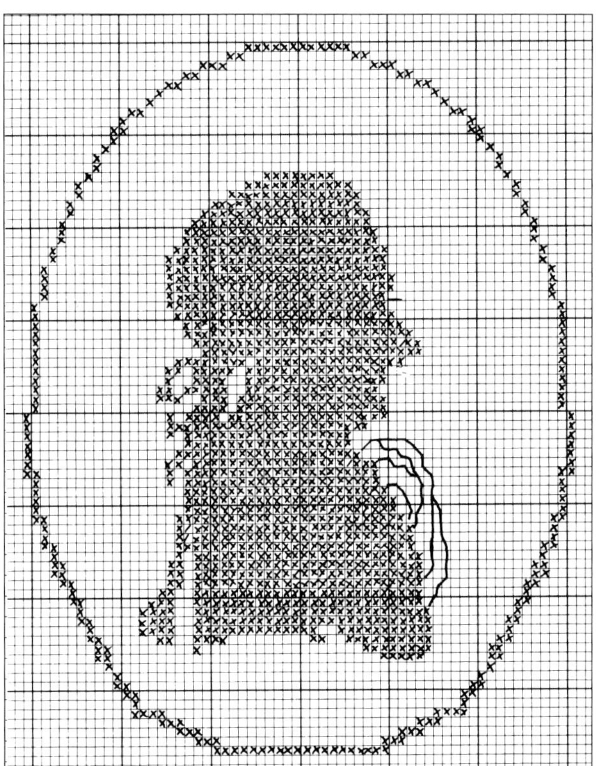

X = OLIVGRÜN

Großes Goethe-Bild mit Variationen

Auf den folgenden Seiten finden Sie meine gestickte „Interpretation“ zu Goethes „Gingo biloba“ aus dem West-Östlichen Diwan. Diese Stickbilder sollen Sie dazu ermutigen, auch Ihren Lieblingsdichter oder Ihr Lieblingsgedicht einmal in Kreuzstich umzusetzen.

Ein farblich abgestimmter Bilderrahmen und ein passendes Passepartout bringen ein solches Stickbild dann besonders gut zur Geltung.

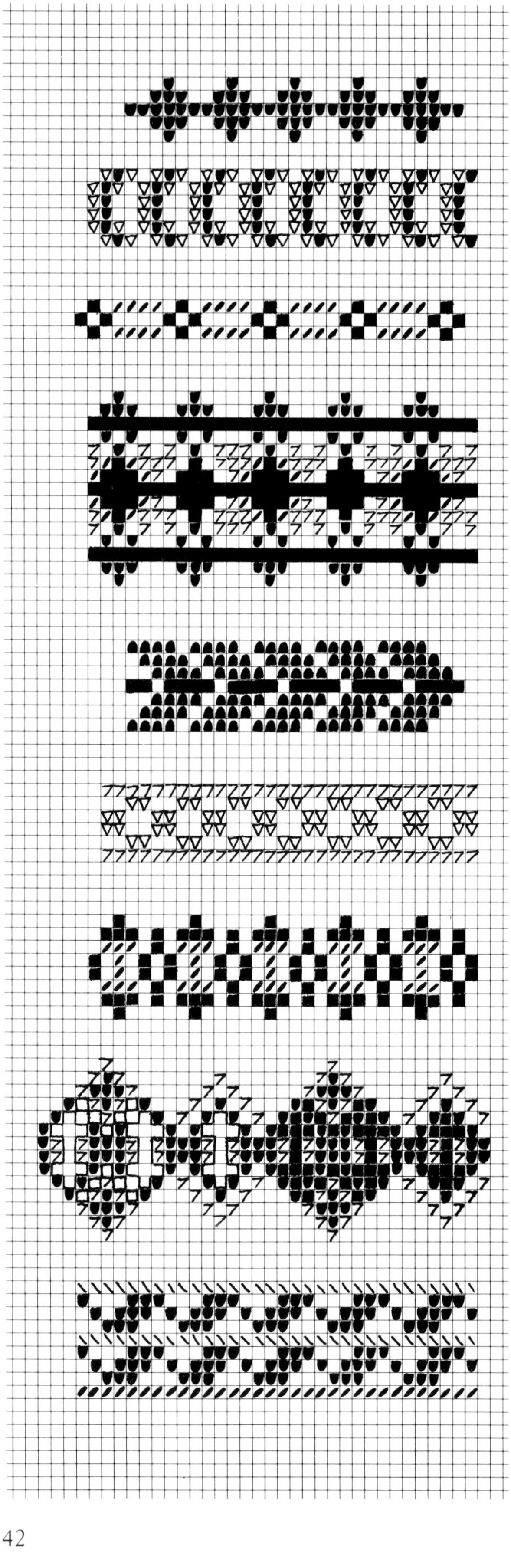

Die Vielfalt der Möglichkeiten

Mustertücher spielen in der Kreuzstichstickerei eine bedeutende Rolle. In vergangenen Jahrhunderten gehörte Sticken zur Ausbildung junger Mädchen, die durch das Anfertigen dieser Mustertücher lernten, ihren eigenen Stil zu finden.

Traditionsreiche Motive blieben durch Überlieferung der Mustertücher von Generation zu Generation der Nachwelt erhalten und erleben in zeitgenössischen Entwürfen eine Renaissance.

Auf den folgenden Seiten zeige ich Ihnen zwei meiner eigenen Mustertücher und einige liebe Dinge, für die Muster aus diesen Entwürfen verwendet wurden.

Sicher werden Sie mit zunehmender Begeisterung für diese Handarbeit bald selbst Muster entwerfen. Vielleicht finden auch Sie durch die Arbeit an einem eigenen Mustertuch dann zu Ihrem ganz persönlichen Stil.

Mustertuch mit Borten und Bordüren

Dieses antik gerahmte Mustertuch zeigt ausschließlich selbstentworfene Borten und Bordüren, die sich sehr vielfältig umsetzen lassen. Es wurden hierfür nur einige wenige Farben, die gut miteinander harmonieren, verwendet.
Auf der nebenstehenden Stickschrift finden Sie sämtliche Muster dieses Mustertuches, die dann auch auf den beiden Kissen, der Schleife und den Bildern der folgenden Seiten wieder aufgegriffen wurden.

= GOLDGELB
= OCKER
= GOLD
= BEIGE
= GELB
= BRAUN
+ = SCHWARZ

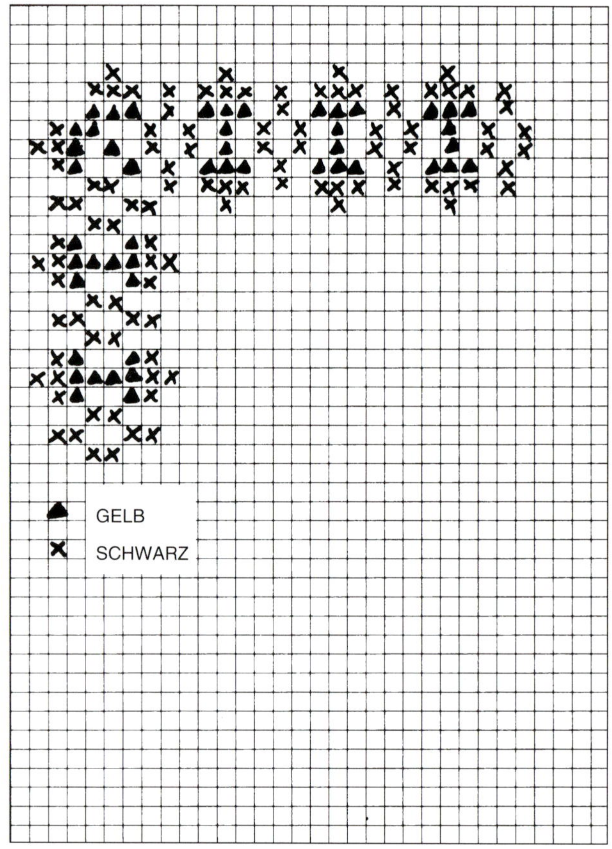
GELB
SCHWARZ

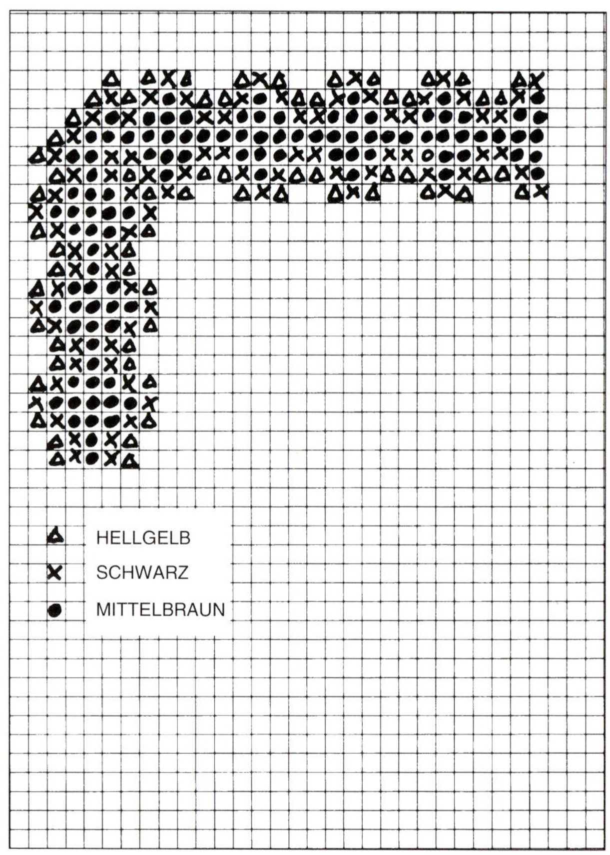
HELLGELB
SCHWARZ
MITTELBRAUN

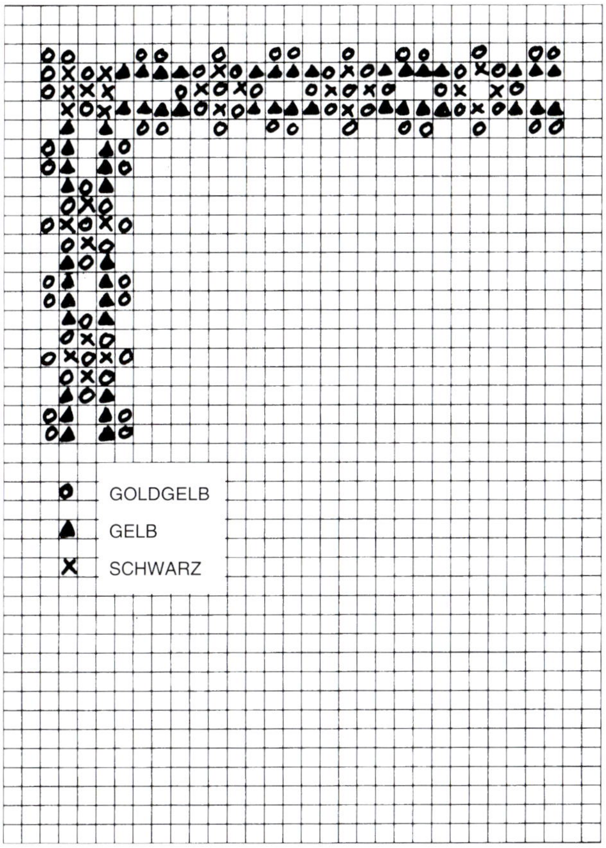
GOLDGELB
GELB
SCHWARZ

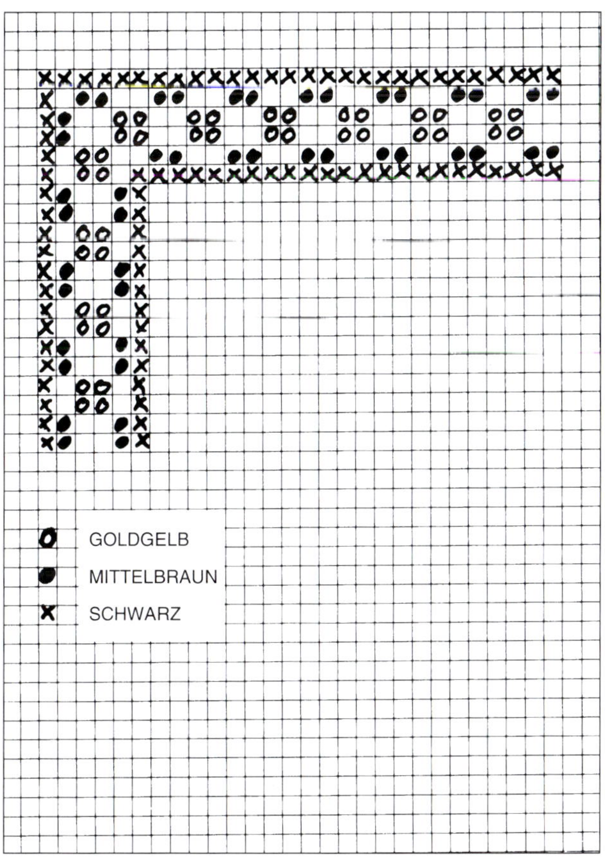
GOLDGELB
MITTELBRAUN
SCHWARZ

▲ = GRÜN
✚ = NACHTBLAU
◇ = BLAU
+ v = HELLGRÜN
□ ≈ DUNKELBLAU
▲ = HELLBLAU
◇ = BLAU

Mustertuch mit Alphabet und Ornamenten

Auf diesem Mustertuch habe ich ein eher schlichtes Alphabet sowie einige Ornamente und Bordüren zur vielseitigen Verwendung zusammengestellt.

Alle Muster sind in verschiedenen Blau- und Grüntonen gestickt. Dazu passen dann das blaugrüne Passepartout und der dunkelgrüne Rahmen besonders gut.

Einige dieser Stickmuster habe ich für die hübsche Spanschachtel und den üppig dekorierten Türbogen verarbeitet, die auf den folgenden Seiten abgebildet sind.

HERZLICH WILLKOMMEN
LIEBE GÄSTE

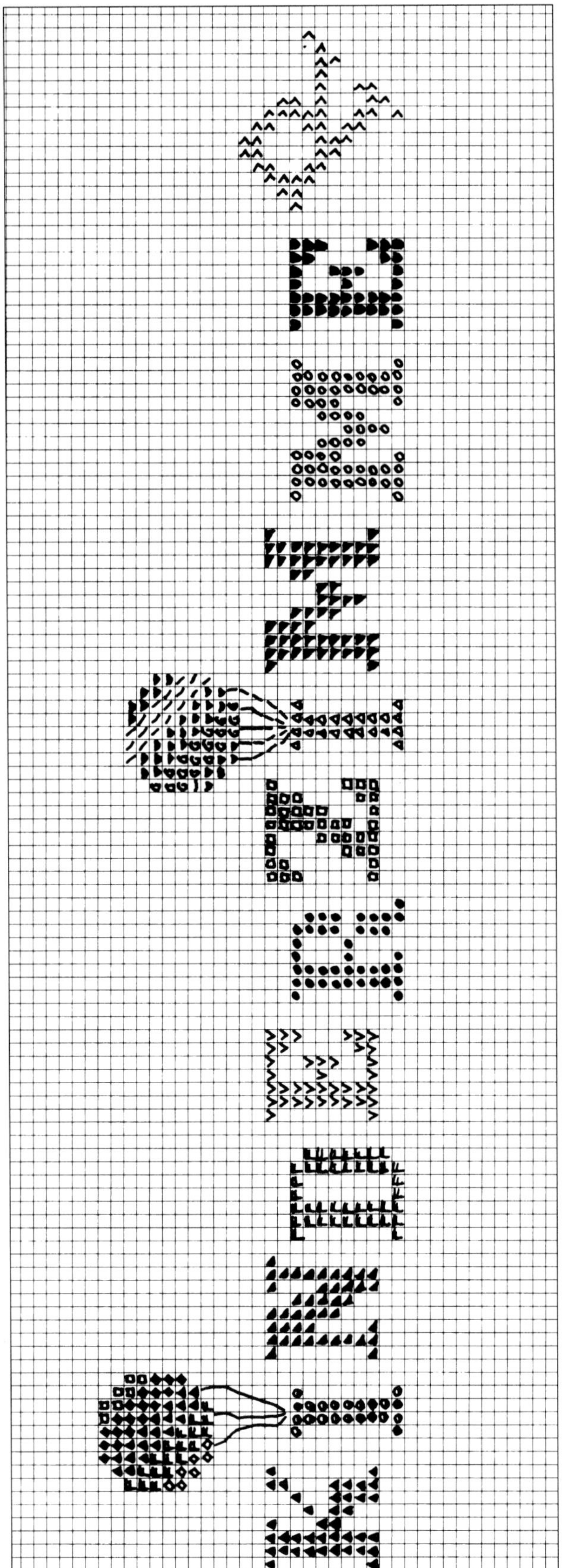

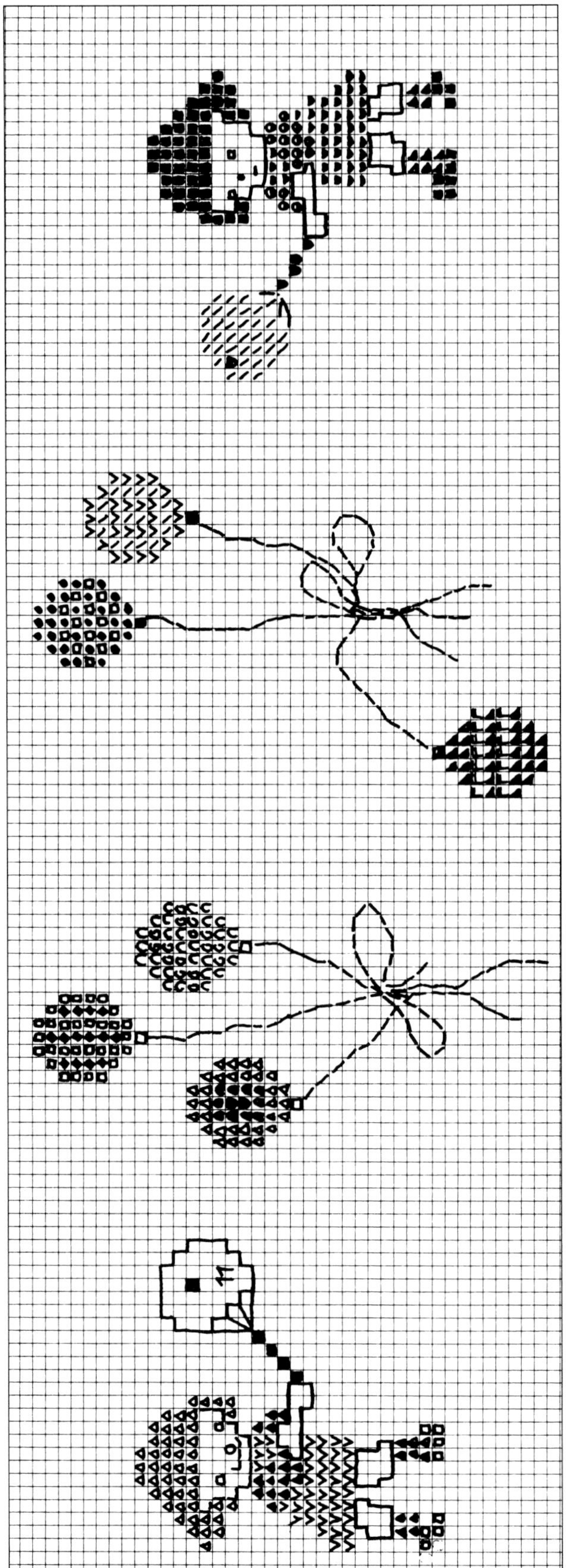

Kunterbunter Kreuzstich fürs Kinderzimmer

= FLEISCHFARBEN	> = FLIEDER
	∩ = ROST
11 = ◣ = HELLBLAU	◒ = GRAUGRÜN
△ = GELB	◓ = BORDEAUX
□ = BLAU	⚑ = VIOLETT
V = HELLGRÜN	◈ = DUNKELBLAU
▲ = GRÜN	● = ROT
■ = SCHWARZ	▼ = KARMIN
◆ = ROSA	╲ = GOLD
◖ = OCKER	◥ = DUNKELGRÜN
◗ = DUNKELBRAUN	o = HELLROT

Dekorative Türschleife

Kunterbunte Luftballons sind bei allen Kindern sehr beliebt und bieten sich an als Hauptmotiv für eine solche Türschleife. Die tanzenden Buchstaben des Schriftzuges „Kinderzimmer" deuten an, daß es hinter dieser Tür immer recht lebhaft zugeht.

Als schmückende Accessoires habe ich bunte Holzfiguren und farbige, schmale Bänder, mit denen die Schleife abgebunden wurde, angebracht.

Lustiger Bärchenkalender

Ein solcher Kalender sollte in keinem Kinderzimmer fehlen, und für alle Stickbegeisterten habe ich ein Lieblingsmotiv unserer Kleinen aufgegriffen und dann für die einzelnen Monate in Kreuzstich umgesetzt.

Auf den folgenden Seiten finden Sie diese zwölf Motive und die dazugehörigen Stickschriften. Ein neutraler Bastelkalender ist überall dort erhältlich, wo Sie üblicherweise Kalender kaufen können, oder über den örtlichen Hobbyhandel zu beziehen.

Wenn Sie die Motive fertiggestickt haben, rahmen Sie diese mit einem farblich passenden Passepartout und kleben dann die Bilder auf das jeweilige Kalenderblatt.

1 =	◆	= ROSA	17 =	◇	= DUNKELBLAU
2 =	+	= LILA	18 =	▛	= GRAUBLAU
3 =		= FLEISCHFARBEN	19 =	<	= EISBLAU
4 =	■	= SCHWARZ	20 =	/	= GRAU
5 =	□	= BLAU	21 =	┌	= INDIGO
6 =	▲	= GRÜN	22 =	◣	= HELLBLAU
7 =	△	= GELB	23 =	×	= GOLDBRAUN
8 =	●	= ROT	24 =	○	= HELLROT
9 =	∩	= ROSTROT	25 =	◉	= BORDEAUX
10 =	▼	= DUNKELBRAUN	26 =	◤	= VIOLETT
11 =	∪	= HELLBRAUN	27 =	⬮	= GOLDGELB
12 =	△	= BRAUN	28 =	▲	= OCKER
13 =	∠	= BEIGE	29 =		= HELLROSA
14 =	\	= GOLD	30 =	∨	= HELLGRÜN
15 =	>	= FLIEDER	31 =	◥	= DUNKELGRÜN
16 =	◸	= HELLVIOLETT	32 =	▼	= OLIV

15
15
15
15
15
15
15

13
13
13
13
13

20
18
20
11
19
5
5
17
5
5

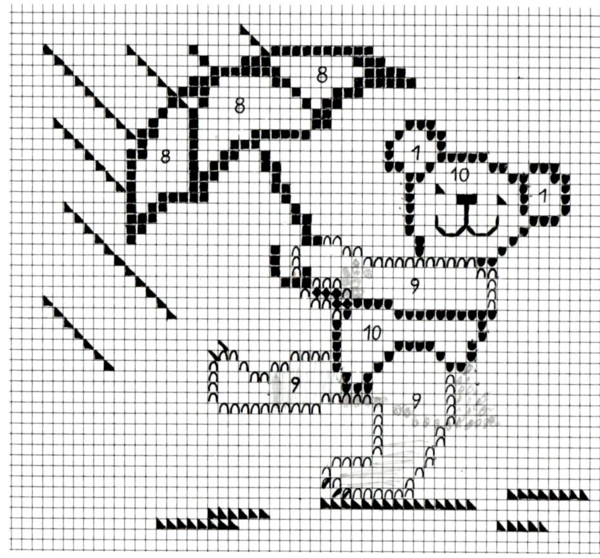

1
1
29
29
29
29
29
1
29
12
1

2
3
2
3
3
5
3
5
5
3
3

6
24
24
24
5
24
24
24
24

6
24

23
11

22
21
18
6

Weihnachtliches Dekor in Kreuzstich

Eine Vielzahl von weihnachtlichen Motiven finden Sie auf den hier abgebildeten Schleifen: glitzernde Sterne und Eiskristalle, goldene Kerzen und Herzen, einen feierlichen Engel und internationale Weihnachtsgrüße. Mit Hilfe der Stickschriften der folgenden Seiten können Sie diese Motive auch auf Tischdecken und -bänder, auf Servietten und Kissen, auf Grußkarten und vieles andere mehr übertragen.

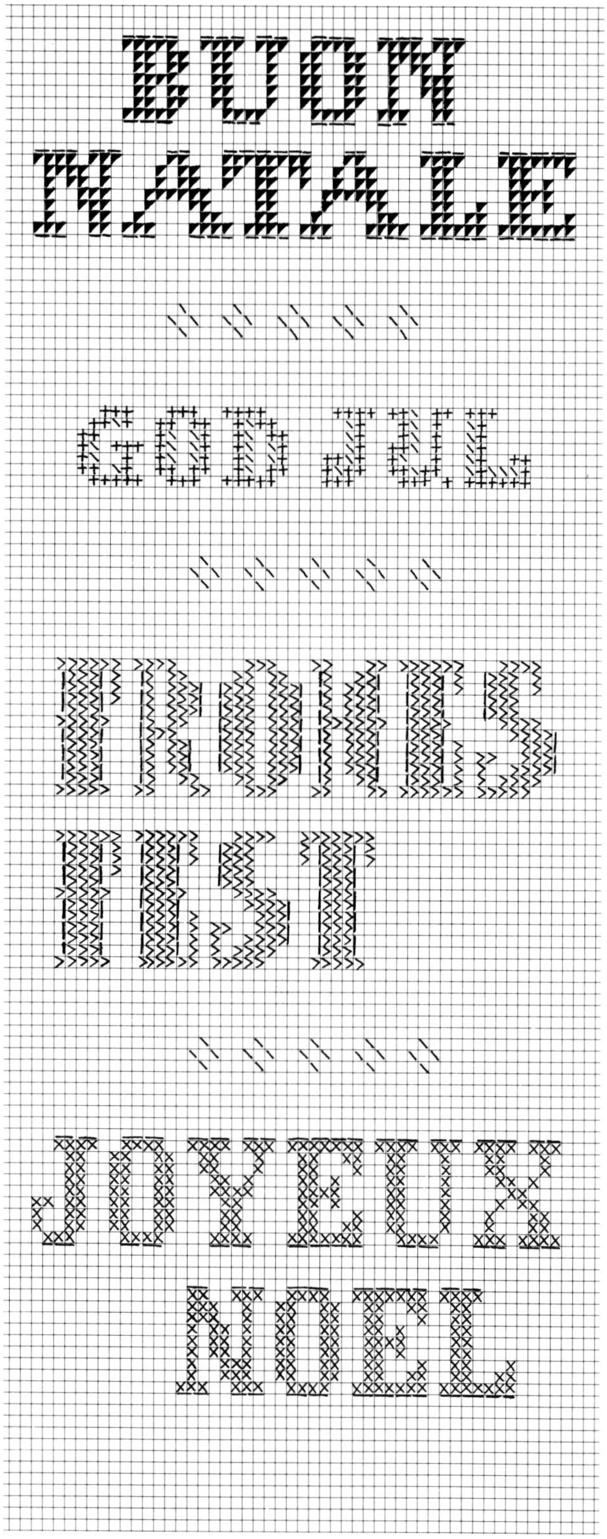

◤ = VIOLETT

\ = GOLD

+ = LILA

> = FLIEDER

✕ = MAUVE

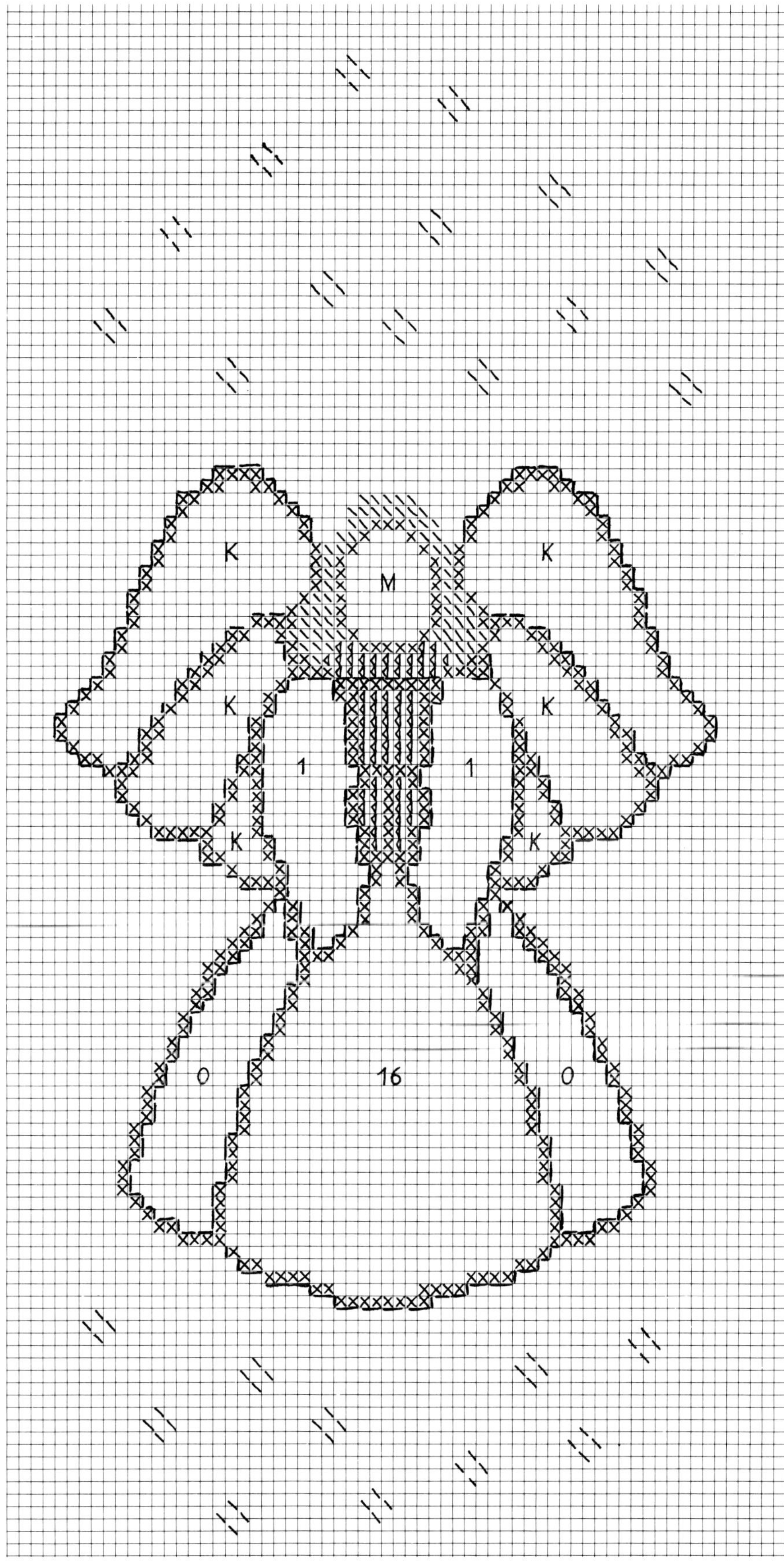

1 =	◆	= HELLROSA
16 =	◤	= VIOLETT
K =		= HELLMAUVE
O =		= HELLVIOLETT
	╲	= GOLD
	✕	= MAUVE
	◀	= HELLFLIEDER
M =		= GRAU

GOLD
WEISS